खाली शब्द

Saurabh Khambalkar

BookLeaf Publishing
India | USA | UK

Made with ❤ on the BookLeaf Publishing Platform
www.bookleafpub.in
www.bookleafpub.com

Dedication

अपूर्वा...
तुम्हे पाना मेरी ज़िंदगी की सबसे बड़ी ख़ुशी थी,
और तुम्हें खोना मेरी ज़िंदगी का सबसे बड़ा ग़म।

Preface

यह पुस्तक उस यात्रा का वृत्तांत है, जो एक कहानी के रूप में बड़े उत्साह से शुरू हुई थी, लेकिन जिसका अंत "खाली शब्दों" के साथ हुआ। जब ये कविताएँ लिखी गईं, तब ये भावनाओं से परिपूर्ण थीं, मगर जिनके लिए ये लिखी गई थीं, वे उन तक कभी नहीं पहुँच सकीं। आज ये कविताएँ सिर्फ़ "खाली शब्द" रह गई हैं, जो मेरे भावों को तो व्यक्त करती हैं, लेकिन अब व्यर्थ-सी प्रतीत होती हैं।

मुझे कभी नहीं पता था कि उन नदियों का क्या होता होगा जो सागर से नहीं मिल पातीं, पर अब मैं उनकी अवस्था को अपनी भावनाओं के माध्यम से समझ सकता हूँ। मेरी भावनाएँ ही इन कविताओं का आधार बनीं, और ये कविताएँ उन्हीं नदियों की तरह हैं जो कभी सागर तक नहीं पहुँच पाईं।

यह किताब उन सबके लिए है जो इन "खाली शब्दों" के भीतर छुपी मेरी भावनाओं को महसूस कर सकते हैं। ये केवल कविताएँ नहीं हैं, बल्कि मेरे दिल की वो आवाज़ें हैं जो आज भी भीतर गूंज रही हैं और जिन्हें बाहर आने का रास्ता अब तक नहीं मिला।

Acknowledgements

सबसे पहले, मैं अपने परिवार से क्षमा भी माँगना चाहता हूँ और धन्यवाद भी देना चाहता हूँ। पिताजी — जिन्होंने हमेशा मुझे हौसला और ताक़त दी। माँ — जिन्होंने हर पल मेरी भावनाओं को समझा और मुझे सही राह दिखाई। भाई प्रणव — जो मेरा सच्चा सहारा रहा। माफ़ी इसलिए कि मैंने कई बार अपना दर्द अकेले सहा और आपसे दूरी बनाई। और धन्यवाद इसलिए कि आपके बिना मैं यह सफ़र कभी पूरा नहीं कर पाता। आपका प्यार और साथ मेरी सबसे बड़ी ताक़त है।

मेरे दोस्तों — स्वप्निल, सुरभि, शुभम, सुमित, आदित्य, आशा और लीना — आप सभी का दिल से आभार। आपने इस कठिन समय में न सिर्फ़ मुझे संभाला, बल्कि मेरी कविताओं और मेरे दर्द को भी सहा।

जब मैं लगभग अवसाद की स्थिति में पहुँच चुका था, तब आपने मुझे थाम लिया, मेरा सहारा बने और मुझे उस अंधेरे से बाहर निकालने में मदद की। आपकी वजह से मेरे भीतर की कड़वाहट और भारीपन धीरे-धीरे हल्का हुआ। हाँ, वो एहसास आज भी मेरे साथ है, लेकिन उसकी चुभन अब उतनी गहरी नहीं रही — क्योंकि आपने मुझे उसे सहने की ताक़त दी और मेरे शब्दों को बाहर आने का रास्ता दिया। आपकी प्रेरणा और विश्वास के बिना यह पुस्तक कभी संभव नहीं थी।

और अंत में, उस व्यक्ति के लिए, जो इन सभी कविताओं के पीछे की वजह है... एक धन्यवाद, क्योंकि तुम्हारे कारण ही मेरे शब्दों को दिशा मिली। और एक क्षमा, क्योंकि मैं जानता

हूँ कि हमारी कहानी का अंत वैसा नहीं था जैसा हमने कभी सोचा था। यह किताब तुम्हारी उन्हीं यादों को समर्पित है, जो अब हमेशा के लिए मेरा हिस्सा बन चुकी हैं।

1. अकेलापन (साथ छोड़ दे)

वक्त आ गया है बिछड़ने का, तू मेरा हाथ छोड़ दे,
नहीं रहना अब संग तेरे, तू मेरा साथ छोड़ दे।

जानता हूँ, तूने मुझे जीना सिखाया,
जानता हूँ, तूने ही जिंदगी का मतलब बताया।
पर तेरा बिना मैं जी न सकूंगा– ये गुमान छोड़ दे,
नहीं जीना अब तेरे संग, तू मेरी जान छोड़ दे।

हाँ, हर बुरे लम्हे में तू ही मेरे साथ था,
हाँ, उस अंधेरे कमरे में तू ही मेरे पास था।
बस उन लम्हों की अब तू यादें छोड़ दे,
निकल जा जिंदगी से, तू मेरा साथ छोड़ दे।

न थी मोहब्बत, न थी चाहत तेरी,
न थी ख्वाहिश, न ही जरूरत तेरी।
बदलने वाले हैं दिन मेरे, तू ठहरने की जिद छोड़ दे,
नहीं होता अब बर्दाश्त, तू मेरी जान छोड़ दे।

तू साथी था, और साजिश भी,
तू शांति था, लेकिन पाबंदी भी।

तेरे बिना हूँ मैं अधूरा– ये भ्रम छोड़ दे,
बहुत हो गया है छल, अब मेरे प्राण छोड़ दे।

मैं तुझसे बिछड़कर अब खुद को पाना चाहता हूँ,
खोखली सी इस जिंदगी में रोशनी लाना चाहता हूँ।
अब फिर से लौटने की तू बात ही छोड़ दे,
मैं तंग आ गया हूँ तुझसे– मेरे अकेलेपन, अब बस तू मेरा साथ छोड़ दे।

वक्त आ गया है बिछड़ने का, तू मेरा हाथ छोड़ दे,
नहीं रहना अब संग तेरे, तू मेरा साथ छोड़ दे।

2. राबता

जिस सफर की तुम मंजिल हो मैं वह रास्ता बनना चाहता हु
जो तुमसे शुरू होकर तुमपे ही खत्म हो मैं वह दास्तान लिखना चाहता हु।

वैसे तो हजारों ख्वाब है मेरे, लेकिन जिसमे सिर्फ तुम ही हो मैं वह ख्वाब सजाना चाहता हु।
मेरे हाथों के लकीरों में शायद नहीं होंगे तुम, पर तुम्हे मै अपनी तकदीर बनाना चाहता हु।

युंह तो कभी मैं अपने दिल की बाते किसीसे कहता नही, पर तुम्हे हर राज बताना चाहता हु।
तुमसे जुड़ी मेरे यह दिल की धड़कन को कभी मैं तुम्हे सुनाना चाहता हु।

मेरे कश्ती को कभी किनारा मिले न मिले, मैं तो तुम्हे अपना साहिर बनाना चाहता हु।
जिंदगी के इस सफर में शायद ही हम कभी मिले, लेकिन फिर भी इस दिल का मैं तुमसे राबता रखना चाहता हु।

3. दुआ

कहाँ से लाऊँ नसीब इतना,
जो तुझे मेरा कर दे।
कभी तो ऐसा हो जाए,
मैं दुआ करूँ... और रब रहमत कर दे।

मैं तो चाहता हूँ, एक मुक़ाम ऐसा भी आए,
कि रब पूरी बाज़ी उल्टी कर दे।
मुझे पाने की चाहत में,
तेरी हर दुआ मेरे ज़िक्र से भर दे...

4. बस कुछ पल की बात

आधी रात होगी, समंदर का किनारा होगा,
हाथों में तेरा हाथ, और सितारों का सहारा होगा...

आसमान की चादर तले, ख्वाबों का बसेरा होगा,
तेरी हँसी की गूंज में, मेरा हर लम्हा सुनहरा होगा...

बेमौसम की बारिश होगी, नजरों की साजिश होगी,
हवा भी महक उठेगी, जब तेरी आमद होगी...

हाथों में तेरा हाथ होगा, उम्रभर का साथ होगा,
बस कुछ पल की बात और... ख्वाब मेरा पूरा होगा।

5. सब्र का फल

कब से थी तलाश तेरी,
कहाँ-कहाँ नहीं ढूँढा तुझे,
हर शहर, हर गाँव में,
हर सफ़र, हर राह में।

हर ख्वाब में तेरी ही तलाश रहती थी,
हर दुआ में तेरा नाम ही निकलता था,
रातें तन्हा कटती थीं तेरे इंतज़ार में,
तेरे बिना यह दिन भी अधूरा सा लगता था ।

ख़ैर... तू मुझे मिल ही गई,
इंतज़ार की काली रात ढल ही गई,
सपनों की नई सुबह खिल ही गई,
मेरे सब्र का फल, मेरी हमसफ़र... तू मिल ही गई।

क्या सच में तू इतनी ख़ूबसूरत है,
या मेरी आंखों को ही दिखती है ?
सच कहूँ तो तू किसी हूर-सी लगती है,
जितनी दफा देखूँ, हर दफा तू आफ़रीन ही लगती है।

तेरे होनेसे दिल को यक़ीन हुआ है धड़कन होने का,
सफ़र को भरोसा है मंज़िल पाने का,
सपनों को विश्वास है हक़ीक़त बनने का...
और मुझे भी यक़ीन है अब, रब की मौजूदगी का।

6. एक किरदार,एक कहानी

एक लहर है जो ढूंढ रही रास्ता किनारे का
एक किनारा है जो तप रहा है लहर के इंतज़ार में

एक बूँद है जो छू नहीं पा रही ज़मीन को
एक ज़मीन है जो प्यासी है बूँद के प्यार में

एक पंछी है जो भटक रहा है डाली की तलाश में
एक डाली है जो सहमी सी, है पंछी के आस में

एक चाँद है जो घिरा हुआ है बादलों के साये में
एक साया है जो बचा रहा है खुदको चाँद की रोशनी में

एक किरदार है जो उलझ रहा है कहानी जाल में
एक कहानी है जो लिख रही है खुद को किरदार के साथ में

7. चाहत और जरूरत

अक्सर हम ज़रूरत और चाहत का फ़र्क समझ नहीं पाते।
अक्सर हम उन चीज़ों को चाहते हैं जिनकी हमें ज़रूरत नहीं,
और जिनकी हमें वाक़ई ज़रूरत होती है,
उन्हें चाहने का ख़याल ही हमारे मन में नहीं आता।
यही उलझन एक बार शुरू हो जाए—तो मानो कभी ख़त्म ही नहीं होती।

हम दर्द से तड़प उठते हैं,
और सोचते हैं, "ये तो मेरी चाहत थी, फिर दर्द क्यों?"
पर हम समझ नहीं पाते
कि जो दर्द महसूस कर रहे हैं,
वो दरअसल उस ज़रूरत के अधूरा रहने से पैदा हो रहा है
न की हमारी चाहत के हासिल होने से।

जब ये बात हमें समझ आने लगती है,
तभी शुरू होता है असली युद्ध –
हमारे दिल और दिमाग के बीच।
दिल, उसी अधूरी चाहत को फिर भी पकड़ना चाहता है,
जबकि दिमाग, अधूरी ज़रूरत से बेचैन हो जाता है

यह जानकर भी कि चाहत के साथ तकलीफ़ें ज़रूर आएँगी,
फिर भी हम उसे जाने नहीं देना चाहते।
क्योंकि वो तकलीफ़ भी हमारी आदत बन जाती है,
शायद वो भी अब हमारी ज़िंदगी का एक हिस्सा बन चुकी होती है।
और हम उस मकाम पे होते है ... जहां चाहत ही हमारी सबसे बड़ी
जरूरत बन चुकी होती है।

8. शब्द और जज्बात

शब्दों के भरोसे भला रिश्ते कैसे निभा सकते हैं?
रिश्ते तो जज़्बातों के सहारे चलते हैं,
रिश्ते उम्मीद पर टिके रहते हैं,
रिश्ते विश्वास से साँस लेते हैं।

शब्दों से तो बस व्यवहार हो सकता है,
हाँ, मानता हूँ—व्यवहार में भी विश्वास चाहिए,
हाँ, मानता हूँ—व्यवहार में भी उम्मीद चाहिए,
पर व्यवहार और रिश्तों में अगर कोई अंतर है तो वो है जज्बात।

जहाँ जज़्बात होते हैं, वहाँ व्यवहार नहीं हो पाता।
जहाँ व्यवहार होता है, वहाँ रिश्ता नहीं बन पाता।
जहाँ रिश्ता होता है, वहाँ शब्दों की कोई औक़ात नहीं होती।
जहाँ शब्दों की कीमत होती है, वहाँ जज़्बातों की कोई अहमियत नहीं बचती।

अगर पैसा व्यवहार की मुद्रा है,
तो जज़्बात ही रिश्तों की मुद्रा हैं।
जैसे लेनदेन बिना पैसे के नहीं हो सकता,
वैसे ही रिश्ता बिना जज़्बात के नहीं हो सकता।

तुम कहती हो—मैं जज़्बातों को बढ़ा-चढ़ाकर कहता हूँ,
जज़्बातों की आड़ में अपनी बातें सही साबित करता हूँ।
पर मैं जज़्बाती इंसान हूँ, मेरे लिए जज़्बात ही भाषा हैं।
शब्द मुझे उतना नहीं लुभाते, जितना जज़्बात मुझे बाँध लेते हैं।

9. हम दो सुर

हम दो सुर हैं – सा और नि,
एक सबसे नीचा, एक सबसे ऊँचा,
आसान नहीं होता इन्हें साथ गाना,
जैसे हमें – एक साथ निभाना।

लेकिन जब ये दो सुर मिलते है तो बनते है कई सुंदर राग
हर राग जगाता है अंदर के गहरे एहसासों को
प्रेम ओर विरह को, शांति ओर बैचेनी को
खुशी और दर्द को, आशा और निराशा को

तुम और मैं – कुछ वैसे ही हैं,
बहुत कठिन है हमारा साथ आना,
पर जब भी हम साथ होते हैं,
तो बन सकती है एक अनमोल धुन –
जो समय की सीमाओं से परे,
सदियों तक गूंजती रहने की क्षमता रखती है।

10. क्या तुम मुझे ज़िंदा रखोगी?

तुमने मुझे ज़िंदगी के सबसे खूबसूरत लम्हे दिए हैं,
जिनमें हँसी थी, सुकून था, और ढेर सारी ख़ुशियाँ थीं।
पर मैं हालात संभाल नहीं पाया,
और इस रिश्ते में मैं दरार ले आया।

कभी-कभी मुझे तुम पर बहुत गुस्सा आता है,
और अगले ही पल, मैं खुद से नफ़रत करने लगता हूँ।
पछताता हूँ, रोने लगता हूँ,
जब खुद को संभाल नहीं पाता, तो कंधा तलाशने लगता हु।

इतना डर शायद मैंने पहले कभी महसूस नहीं किया,
जितना तुम्हें खोने का डर लगता है।
मैं बहक जाता हूँ, खुद को अकेला पाता हूँ,
ज़िंदगी जैसे खत्म होती दिखती है... और मैं और भी डरने लगता हूँ।

अजीब बात है... मैं तुमसे प्यार करता हूँ,
फिर भी तुम्हारे साथ होने पर दर्द महसूस करता हूँ।
मैं समझ नहीं पाता – मै दुखी क्यों होता हूँ?
पर जब भी तुम्हारी तरफ देखता हूँ मैं तुमसे प्यार कर बैठता हूँ।

सालों बाद तुम्हारी वजह से मैंने जाना है,
कि साँसें इंसान को ज़िंदा नहीं रखतीं।
इंसान जज़्बातों से ज़िंदा रहता है,
और भावनाहीन इंसान... जिंदा होते हुए भी मर चुका होता है।

तुमने मेरे अंदर के सारे जज्बातों को उजागर किया है,
कितने सालों बाद मैंने खुद को इतना ज़िंदा महसूस किया है।
तुमने ही मेरे जिंदगी को मतलब दिया है
ये जिंदगी तुम्हारी देन, मै इसे तुम्हारे साथ ही बिताना चाहता हूँ।
क्या तुम मुझे ज़िंदा रखोगी?

11. प्रेम की परिभाषा

अगर मैं प्रेम की परिभाषा लिखूँ,
तो मैं लिखूंगा केवल दो ही शब्द–
स्वीकार और समर्पण।

प्रेम केवल एक भावना नहीं,
प्रेम एक निर्णय भी है।
निर्णय – किसी को स्वीकार करने का,
उसके हर गुण और हर कमी के साथ।

स्वीकार से आता है अपनापन,
अपनेपन से जन्म लेता है विश्वास,
विश्वास जगाता है उम्मीद,
उम्मीद देती है प्रेरणा,
प्रेरणा बनाती है शक्ति,
शक्ति से आता है साहस,
साहस सिखाता है धैर्य,
धैर्य से मिलती है समझ,
समझ से जन्म लेता है आदर और सम्मान,
आदर और सम्मान से पनपती है निष्ठा,
निष्ठा से उपजता है त्याग,

और त्याग से ही मिलता है
सच्चा समर्पण।

यही है प्रेम का असली मार्ग,
एक निरंतर सफ़र –
स्वीकार से लेकर समर्पण तक का सफ़र।

क्योंकि प्रेम की शुरुआत होती है स्वीकृति से,
और उसकी पूर्णता होती है समर्पण से ।

12. सब कुछ गलत

करना कुछ और चाहता हूँ,
हो कुछ और ही रहा है।
जाने-अनजाने हर पल मुझसे,
कुछ न कुछ ग़लत हो रहा है।

मेरी हर हरकत अब शिकायत बन रही है,
मेरी हर बात जैसे तीर बन रही है।
मेरी नज़रों से वो अब आँखें फेर रही है,
हर धड़कन के साथ वो मुझसे दूर हो रही है।

दिल की बात कहूँ तो उलझन बन रही है,
ना कहूँ तो ख़ामोशियाँ शिकवे बन रही हैं।
हर पल ज़िंदगी अब मेरी दर्द बन रही है,
और ये तन्हाई भी अब अनकही सज़ा बन रही है।

13. पत्थर

हर कतरा आँसू का चीखता रहा, चिल्लाता रहा,
क्या करूं – गलती मेरी थी, मैं पत्थर से सिर टकराता रहा।

मैं उसे पाने की ख़ातिर बस जलता रहा...
कभी समझ न सका – पत्थर कभी नहीं पिघलते।

मैं उसे पुकारता रहा, तड़पता रहा, तरसता रहा,
पर यह भूल गया – पत्थरों के दिल नहीं होते।

चंद लम्हों की खुशी के लिए मैंने खुद को उसे सौंप दिया,
मै भूल गया– अपनाने के लिए पत्थरों की तो बाहें नहीं होतीं।

अब मैं सहमा हुआ हूँ, बहुत डरा हुआ सा हूँ,
टूटे दिल के साथ खुद को पत्थर बनते नहीं देख सकता।

14. अतिरेक (Overreact)

कौन रोता है शौक़ से,
रोना तो पड़ता है मजबूरन।
नज़रों और कानों को शायद
ये अतिरेक लगे,
पर ज़रा आँखें मूँदकर,
कानों की हलचल रोककर सुनो–

तब सुनाई देंगे तुम्हें,
टूटते हुए ख़्वाब,
बिखरते रिश्ते,
साँसों की घुटन,
डगमगाती ज़िंदगी,
और दिल पर पड़ते असह्य प्रहार।

सहनशक्ति की भी एक सीमा होती है।
जब इंसान भीतर से टूटने लगता है,
तब चीखना ज़रूरी हो जाता है।
अगर उस आवाज़ को दबा दिया जाए,
तो इंसान जीने लायक नहीं बच पाता है।

आवाज़ों के साथ जीना आसान नहीं,
ये आवाज़ें सीने में चुभती हैं।
और ये आवाज़ें खामोश होती हैं—
या तो अपने ही आँसुओं से,
या फिर अपनों के आँसुओं से।

अब यह हमारा निर्णय होता है
किसके आंसुओं से आवाजों की प्यास बुझानी है
या फिर उन्हें अपने अंदर दबा कर
जीना है चलती फिरती लाश बन कर

15. पानी

मैंने तुमसे पूछा था–
अगर हम पानी में डूब रहे हों, तो क्या करना चाहिए?

तुमने कहा था–
"अगर तैरना नहीं आता, तो पानी को समझो।
वो स्थिर है या प्रवाह?
अगर स्थिर है, तो हाथ-पाँव मारकर निकल जाओ।
अगर प्रवाह है, तो स्थिर रहो,
पानी खुद तुम्हें किनारे तक पहुँचा देगा।"

मैंने फिर तुमसे पूछा–
"हम किस पानी में हैं?"

तुमने कहा–
"हम प्रवाह में हैं...
और मुझे इस पानी पर भरोसा है।
अगर हम प्रयास करेंगे, तो डूब जाएँगे,
लेकिन अगर स्थिर रहेंगे, तो अपना किनारा पा लेंगे।"

मैंने कहा था–

"शायद... अगर हम स्थिर रहे,
तो हाँ, हमें दोनों को अपना किनारा मिल जाएगा।
लेकिन... हमारे इस रिश्ते का क्या?
हमारे उस वादे का क्या?"

तुम्हारे पास इस सवाल का कोई जवाब नहीं था।

तब मै यह कहना चाहता था –
"यह रिश्ता, यह वादा—हम दोनों का है।
मैं खुद से पहले इस रिश्ते को चुनता हूँ।
तुम चाहो तो स्थिर रहो...
बस मुझे हौसला देती रहना।

बस इतना ही कह पाया, यह रिश्ता मेरा सपना है –
और मैं इस प्रवाह को चीरकर भी
हमारे रिश्ते को बचा लूँगा।"

16. तुम जा रहे थे

तुम जा रहे थे और मैं वह खड़ा था बेबस
ना तुम्हे जाने देना चाहता था ना ही तुम्हे रोक सकता था

तुम जा रहे थे और मैं वह खड़ा था बेबस
ना मैं मुस्कुराना चाहता था, ना ही मैं रो सकता था

तुम जा रहे थे और मैं वह खड़ा था बेबस
ना मैं तुम्हे खोना चाहता था और नाही मैं तुम्हे हासिल कर सकता था

17. कहानी तो अब भी है

रंगमंच पे अंधेरा हो गया है,
कहानी खत्म हो गई,
लेकिन इस बार पर्दा नहीं गिरा –
इस बार गिर गए कई किरदार।

कुछ टूट कर बिखर गए,
कुछ गिर कर सहम गए,
कुछ गिर कर संभल गए,
और कुछ भीतर से मर गए।

कितनों के तो किरदार ही गिर गए,
कितनों के नकाब उतर गए,
अपनी कहानी समझते थे जिन्हें,
वो तो मेरा किरदार बदनाम कर गए।

अब कहानी में हर तरफ अंधेरा है,
अगर कहीं है तो बस धुंधला सवेरा है,
सपनों की चिता का हर तरफ धुआँ है,
कहानी तो अब भी है... पर किरदार मर चुका है।

18. यादें

यादें अच्छी हों या बुरी,
कोई फ़र्क़ नहीं पड़ता।
हर याद तकलीफ़ ही देती है,
अगर हमसफ़र साथ न हो तो।

बुरी यादें मिट जाती हैं,
ज़ख़्म भी एक दिन भर जाते हैं।
लेकिन अच्छी यादों का क्या–
वो बार-बार लौटती हैं... और रुलाती हैं।

अब तो मैं सोचता भी नहीं,
अब तो मैं उसे चाहता भी नहीं।
पर कितनी भी कोशिश करूँ,
उसकी तस्वीर आँखों से मिटती ही नहीं।

आँसुओं ने यादों के साथ मिलकर
एक दलदल बना दिया है...
मैं जितना निकलने की कोशिश कर रहा हूँ,
उतना ही और गहराई में खींचता चला जा रहा हूँ।

19. द्वंद्व

द्वंद्व चल रहा है – मेरा ही मेरे साथ,
मेरे अंदर – दिल और दिमाग के साथ।

मेरे ख्वाबों का – हकीकत के साथ,
मेरे मेहनत का – तक़दीर के साथ।

मेरी खामोशी का – मेरे ग़ुस्से के साथ,
मेरे संयम का – मेरे आत्मसम्मान के साथ।

मेरा रोज़ ये युद्ध – खुद से ही होता है,
एक हिसा थकता है, तो दूसरा रोता है।

दिल उलझ जाता हैं – भावनाओं ओर जज़्बातों में,
दिमाग उलझता है – सही-गलत की बातों में।

कभी जीत लगती है – कभी हारसा लगता है
मगर ये द्वंद्व ही शायद – मुझे ज़िंदा रखता है।

20. सब अच्छा हुआ?

अब जब सब खत्म हुआ, तो कहते हैं–
"जो हुआ, सब अच्छा ही हुआ।"
मगर मेरा दिल आज भी सवाल करता है,
इसमें आखिर अच्छा क्या हुआ?

सब कहते हैं–उसे भूल जाओ।
पर मैं तुझे भुलाना नहीं चाहता।
कहते हैं–दिल से निकाल दो उसे।
पर मैं तुझे निकालना नहीं चाहता।

मैं चाहता हूँ, तुम रहो मेरे साथ–
मेरी यादों की परछाई बनकर,
मेरे खामोश लफ़्ज़ों की गूंज बनकर,
मेरी कविताओं की सांस बनकर।

हाँ, तुमसे गलती हुई थी, पर तुम गलत नहीं थी।
तुमने समझा नहीं था, पर तुम नासमझ भी नहीं थी।
तुमने ज़ख्म दिए थे, मगर तुम बेरहम भी नहीं थी।
और शायद प्यार नहीं था, पर नफ़रत भी नहीं थी।

शायद तुम समझो, मैंने तुम्हें भुला दिया।
शायद तुम्हें लगे, तुम्हें खोकर मैं मुस्कुराता हूँ।
पर सच ये है, मैं आज भी तुम्हें महसूस करता हूँ,
और हर पल बीते हुए लम्हों को याद करता हूँ।

मैं चाहता तो था तुम लौट आओ,
पर अब उस चाहत की कोई जरूरत नहीं।
जानता हूँ, तुम्हारा लौटना नामुमकिन है।
हमारी कहानी अधूरी ही अच्छी है, पूरी नहीं।

21. खाली शब्द

मैं कभी तुमसे लड़ना नहीं चाहता था,
मैं कभी तुम्हें नीचा नहीं दिखा रहा था।
मैं बस चाहता था कि तुम समझो–
मेरी बातों को... मेरे जज़्बातों को।

तुम्हें खोना मेरी ज़िंदगी का सबसे बड़ा दुख है,
क्योंकि मैं तुम्हें दिलो-जान से चाहता था।
तुम्हे ही मेरी ज़िंदगी मानता था ,
मुझे नहीं पता कैसे कहूँ... शायद मैं तुमसे प्यार करता था।

अब बातें बस लिखने लायक रह गई हैं,
मेरी बातें न तुम्हें तब समझ आईं, न अब आएंगी।
अब ये सब बस शब्द रह जाएंगे–
न मैं तुम्हें मिलूँगा, न अब तुम कभी आओगी।

पता नहीं हम क्यों मिले थे,
पता नहीं क्या हासिल किया हमने।
पता नहीं अब किस्मत में क्या लिखा है,
पता नहीं तुम क्यों न थीं मेरे नसीब में।

क्या इतना मुश्किल था साथ निभाना
क्या नामुमकिन था हमारा साथ में आना
पता नहीं किस दर्द से चीर रहा है मेरा दिल
मेरा तुम्हे चाहना ... या तुम्हारा मुझे न चाहना

22. दर्द

दर्द! दर्द होता है
छोटा-बड़ा ऐसा कुछ नहीं होता है।
अगर समझ सको तो अपना लगता है,
न समझो तो सिर्फ एक धोखा लगता है।

जिसे महसूस करना था,
लोग उसे नापने लगते हैं।
बेबस आँसुओं को भी
वो पानी के साथ तोलने लगते हैं।

जिन्हें खामोशियों को समझना था,
वो शब्दों में उलझकर रह जाते हैं।
ना वो वेदना को समझ पाते हैं,
ना प्रकृति को,
और फिर भी –
खुद को संवेदनशील कहलाते हैं।

23. नदी

उसकी सागर से मिलने की चाह
बस एक चाह बनकर रह गई,
अंगिनत कोशिशों के बाद भी
न जाने नदी कहाँ खो गई।

बहना ही जानती थी वो,
आख़िरी बूंद तक बहती रही,
पत्थर-पहाड़ सब तोड़कर बही,
पर सागर से दूर ही रही।

लहरों की आवाज़ को वह
सदैव ही तरसती रही
त्याग कर सर्वस्व अपना
वह राह पर आगे बढ़ती रही,

जानती थी उसका अंत है सागर
पर अंत से वह कभी डरी नहीं
बूंद बूंद में प्यार था उसके
वह झरना बनकर गिरती रही।

सागर को क्या फर्क पड़ता,
उसे कमी नहीं थी नदियों की,
एक न पहुँची तो क्या हुआ,
उसे प्यास नहीं थी मिलने की।

नदी ने जब यह व्यथा समझ ली,
वह जहाँ थी वहीं रुक गई,
जंगल, गाँव, मैदानों को चुनकर
बही वहाँ, जहाँ उसकी कद्र हुई।

24. अकेलापन (ठुकरा दिया था जिसे)

मैंने ठुकरा दिया था जिसे,
वो फिर से लौट आया है।
इस बार वह अकेला नहीं–
तकलीफ़ें भी साथ लाया है।

कितना भी भाग लूँ उससे,
मैं हमेशा ही हार जाता हूँ।
कितनी भी ऊँची लगाऊँ छलाँग,
मैं उसी के जाल में गिर जाता हूँ।

एक वक़्त जो मेरा अपना था,
आज वही मेरा काल बन गया है।
जिसे मैं कल में छोड़ आया था,
वो फिर से मेरा आज बन गया है।

जिसे मैंने ठुकरा दिया था,
वही अकेलापन लौट आया है।
उसकी बंद मुट्ठी में शायद,
इस बार मेरी मौत लाया है।

www.ingramcontent.com/pod-product-compliance
Lightning Source LLC
LaVergne TN
LVHW022031200926
848481LV00007B/2635
* 9 7 9 8 8 9 8 6 5 7 9 2 5 *